RÉPUBLIQUE FRANÇAISE.

MINISTÈRE DE LA GUERRE.

INSTRUCTION MINISTÉRIELLE DU 19 JANVIER 1897

RELATIVE

A LA COMPTABILITÉ

DES

DÉPENSES ENGAGÉES

EN CE QUI CONCERNE

LE SERVICE DE SANTÉ

(Extrait du *Bulletin officiel*, partie réglementaire, année 1897.)

PARIS

HENRI CHARLES-LAVAUZELLE

Éditeur militaire

11, PLACE SAINT-ANDRÉ-DES-ARTS, 11

(Même maison à Limoges.)

BULLETIN OFFICIEL

DU

MINISTÈRE DE LA GUERRE.

<table>
<tr><td>1897.</td><td>PARTIE RÉGLEMENTAIRE.</td><td>N° 4.</td></tr>
</table>

SOMMAIRE.

N° 13. *Instruction ministérielle relative à la comptabilité des dépenses engagées en ce qui concerne le service de santé (loi du 26 décembre 1890, article 59; décret du 14 mars 1893). (7ᵉ Direction; Hôpitaux.)*

Paris, le 19 janvier 1897.

SECTION Iʳᵉ.

DISPOSITIONS GÉNÉRALES.

§ 1. — *Préliminaires.*

La comptabilité des dépenses engagées ne doit comprendre que les sommes pouvant être facilement relevées soit dans la comptabilité de l'ordonnancement, soit dans les marchés passés, à l'exclusion de toute somme arbitraire.

Néanmoins, on devra y faire figurer le montant des cessions faites à titre remboursable, ainsi que les résultats des mouvements de matériel entre le service de réserve et le service courant.

§ 2. — *Division des dépenses en deux catégories.*

Les dépenses du service de santé peuvent être divisées en deux catégories :

1° Dépenses qui se trouvent engagées par le fait même de la présence des hommes sous les drapeaux, effectuées conformément aux tarifs et aux dispositions des règlements en vigueur, sans autorisation préalable du Ministre, et dont on ne peut suivre le développement que *a posteriori*;

2º Dépenses indépendantes de la présence des malades dans les hôpitaux, dont le montant est connu à l'avance, n'ayant pas un caractère obligatoire, ne pouvant être engagées sans l'approbation préalable du Ministre et ne se trouvant engagées qu'à partir de la date de cette approbation.

Dans la gestion directe, il n'y a que trois espèces de dépenses qui peuvent être classées dans cette dernière catégorie, savoir :

a) Les achats de matériel, d'objets de pansement ou de médicaments par marchés de livraison, pour des quantités déterminées ;

b) Les achats de matériel, d'objets de pansement ou de médicaments par marchés à long terme (trois ans), en vertu desquels il est fait des commandes aux fournisseurs ;

c) Les locations d'immeubles, les indemnités locatives spéciales et diverses dépenses générales acquittées au moyen des avances faites aux officiers d'administration gestionnaires.

Toutes les autres dépenses appartiennent à la première catégorie.

§ 3. — *Epoques auxquelles les dépenses se trouvent engagées.*

1º Pour les marchés de livraison dont les quantités sont déterminées, la dépense se trouve engagée à la date de l'approbation ministérielle ;

2º Pour les marchés à long terme, la dépense est engagée à la date des commandes adressées aux fournisseurs ;

3º Quant aux marchés passés par voie d'adjudication publique ou de gré à gré pour la fourniture des denrées, liquides, combustibles et objets de consommation à faire annuellement aux hôpitaux militaires (dépenses de la 1re catégorie), ils sont exécutés à la suite des commandes journalières variables ; les fournisseurs produisent leurs factures tous les mois, conformément aux prescriptions du cahier des charges qui régit ces adjudications. Ce n'est donc que sur le vu des factures mensuelles que la dépense peut être considérée comme engagée et portée utilement dans la comptabilité ;

4º Pour les locations d'immeubles, la dépense se trouve engagée dès le 1er janvier pour les baux existant à cette date et pour le nombre de mois de l'année courante qui est prévu dans ces actes ; exemple : pour un bail expirant le 30 septembre, la dépense est comprise pour neuf mois. Pour les baux passés au cours de l'année, la dépense qui doit être supportée par l'exercice en cours est engagée à partir de la date de leur approbation ; exemple : pour un bail commençant à courir le 1er juillet et qui a été approuvé le 25 avril, la dépense sera inscrite à cette dernière date pour six mois ;

5º Le montant des avances faites aux officiers d'administration gestionnaires étant généralement calculé avec le plus grand soin, afin d'éviter des reversements au Trésor en fin de trimestre, on peut admettre, sans inconvénient, que le montant représente le chiffre réel des dépenses engagées à ce titre.

Les dépenses de cette nature (achats sur place, primes de travail, indemnités aux sœurs, salaires des ouvriers civils, travaux d'entretien, etc.) seront donc considérées comme engagées à la date des mandats d'avance;

6° Les indemnités aux médecins civils requis sont considérées comme engagées pour toute l'année à partir du 1er janvier;

7° Les dépenses, peu importantes d'ailleurs, non prévues ci-dessus et acquittées au moyen des mandats directs, sont considérées comme engagées aussitôt après la production des mémoires ou factures des créanciers.

SECTION II.

DÉPENSES ORDONNANCÉES PAR LES DIRECTEURS DU SERVICE DE SANTÉ.

I. — SERVICE DE SANTÉ — MATÉRIEL D'EXPLOITATION (chapitre 29).

Les dépenses de ce chapitre se divisent en deux parties, savoir :
1re Partie. — Dépenses afférentes au traitement des malades.
2e Partie. — Dépenses effectuées en dehors des frais de traitement.

Situation mensuelle des dépenses engagées.

Les directeurs du service de santé adressent au Ministre une situation des dépenses engagées conforme au modèle n° 1, faisant suite à la présente instruction.

Cette situation, qui devra parvenir à l'administration centrale de la guerre le 15 de chaque mois au plus tard, fera ressortir :

1° Le montant des diverses catégories des dépenses engagées par rubriques budgétaires, à l'exception de celles résultant de transport de cadavres, d'indemnités locatives spéciales, de loyers divers, d'entretien des cimetières français à l'étranger, d'achats de médicaments, d'objets de pansement et de matériel par les magasins d'approvisionnements ou de mouvements entre le service de réserve et le service courant;

2° Le montant des cessions faites au service de santé à titre remboursable;

3° Le montant des cessions faites par le service de santé à titre remboursable et devant venir en atténuation des dépenses.

N° 4.

Iʳᵉ PARTIE.

DÉPENSES AFFÉRENTES AU TRAITEMENT DES MALADES.

§ 1ᵉʳ.

Dépenses des hôpitaux militaires et autres établissements en gestion directe.

1° *Montant des factures mensuelles pour fournitures de denrées, liquides, combustibles, objets de consommation et matériaux d'emballage qui ne sont pas pris en charge dans les comptes-matières (marchés par adjudication publique ou de gré à gré passés annuellement conformément au cahier des charges).*

Toutes les factures devront être déposées avant le 10 de chaque mois.

Dans le but de réduire les inscriptions sur la situation mensuelle des dépenses engagées à produire par le directeur du service de santé, chaque établissement lui adressera les factures du mois dans un bordereau récapitulatif (modèle n° 232 M de la nomenclature), indiquant pour chaque créancier le montant total de la fourniture, et donnant la décomposition de chaque facture suivant les rubriques budgétaires.

2° *Montant des factures pour achats de matériel figurant dans les comptes-matières effectués en vertu d'une autorisation ministérielle, avec ou sans marché. (Ne concerne pas les magasins d'approvisionnement).*

Lorsque les hôpitaux militaires ou les dépôts de matériel seront autorisés par le Ministre à acheter du matériel, le montant de l'autorisation sera porté sur la situation n° 1.

3° *Montant des mandats d'avance émis pendant le mois au nom des officiers d'administration gestionnaires.*

Ces renseignements sont fournis par le registre des fonds et par le registre des comptes courants. En outre chaque gestionnaire devra fournir une situation mensuelle faisant connaître l'emploi suivant les rubriques budgétaires, des mandats d'avance qu'il a reçus.

4° *Montant des cessions faites au service de santé à titre remboursable.*

Les gestionnaires adresseront, le 1ᵉʳ de chaque mois, au directeur du service de santé, un état indiquant distinctement par service créditeur le montant des cessions effectuées pendant le mois précédent.

Le montant de chacun de ces états sera récapitulé par le directeur sur un bordereau conservé dans ses archives; le montant total de ce bordereau sera seul inscrit sur la situation mensuelle distinctement par service créditeur.

§ II.

Dépenses des hôpitaux maritimes et hospices civils.

Nombre de journées par grades de militaires traités dans tous les établissements (à l'exception des hôpitaux militaires).

1º Pour les hospices civils, indiquer le prix moyen de la journée de traitement par grades et le montant également par grades des frais de traitement pendant le mois;

2º Indiquer pour mémoire (colonnes 5 et 6) le nombre de journées de malades traités à charge de remboursement, des frais de sépulture ainsi que le montant en argent, afin de permettre de déduire ces sommes des dépenses engagées.

Ces indications seront présentées par catégorie d'établissements, suivant la classification adoptée pour la comptabilité en journées.

Afin de permettre au directeur du service de santé d'établir rapidement la situation mensuelle des dépenses engagées, les situations mensuelles de malades produites par les hospices civils (Nº 221 de la nomenclature) seront complétées à la première page par les soins des commissions administratives, par l'indication du nombre de journées de traitement, par grades, du prix stipulé par la convention et du montant de la dépense. Le directeur du service de santé récapitulera ces renseignements et reportera les totaux sur la situation des dépenses engagées.

§ III.

1º *Fournitures d'appareils prothétiques, frais de bureau et dépenses diverses à rembourser aux hospices civils.*

Ces dépenses seront inscrites trimestriellement sur le vu de la facture produite par chaque établissement et classées, dans la situation, aux rubriques budgétaires auxquelles il convient de les rattacher.

Nº 4.

2°.*Frais de sépulture des militaires décédés dans les hôpitaux mari-*
times ou hospices civils, frais de, culte et d'expédition d'avis
télégraphique en cas de maladie grave.

Ces indications seront fournies au moyen des situations mensuelles des malades prévues au tableau précédent et des relevés
de dépenses produits par les chefs d'établissements.

3° Transport de cadavres.

Ces dépenses seront suivies par l'administration centrale et,
par suite, ne devront pas être comprises dans la situation n° 1.

II° PARTIE.

DÉPENSES EFFECTUÉES EN DEHORS DES FRAIS DE TRAITEMENT.

§ IV.

Dépenses spéciales des magasins d'approvisionnement pour achats de matériel et de médicaments ou d'objets de pansement.

1° *Montant des marchés passés pendant le mois pour livraison de
quantités déterminées (matériel, objets de pansement ou médicaments) à faire au titre de l'exercice courant.*

Ces dépenses seront suivies par l'administration centrale et,
par suite, ne devront pas être comprises dans la situation n° 1.

2° *Montant des commandes variables suivant les besoins et payables
sur l'exercice courant, faites pendant le mois aux titulaires des
marchés à long terme (trois ans) pour fourniture de matériel
d'objets de pansement ou de médicaments.*

Ces dépenses seront suivies par l'administration centrale et,
par suite, ne devront pas être comprises dans la situation n° 1.

§ V.

Indemnités locatives spéciales. — Loyers divers. — Entretien des cimetières français à l'étranger.

Ces dépenses seront suivies par l'administration centrale et,
par suite, ne devront pas être comprises dans la situation n° 1.

§ VI.

Dépenses générales.

§ VII.

Dépenses diverses.

Les dépenses de ces deux paragraphes résultent de l'exécution normale du service et sont considérées comme engagées à la date des mandats d'avance destinés à les acquitter.

Etablissement de la situation par corps d'armée.

Le directeur de chaque corps d'armée vérifie avec soin l'exactitude des dépenses inscrites dans les situations, bordereaux, etc., fournis par les divers établissements du service de santé de la région, récapitule ces dépenses par rubrique budgétaire et en reporte les totaux généraux sur la situation n° 1.

Au total général de chaque situation on ajoute le montant total des situations antérieures, de manière à présenter le chiffre total des dépenses engagées depuis le 1er janvier.

En outre, s'il y a lieu de faire subir des modifications aux chiffres des situations antérieures, on indique le montant de ces rectifications et les causes qui les ont motivées.

Enfin, la situation indique le montant des cessions faites par le service de santé, à titre remboursable, distinctement par service débiteur et séparément pour celles donnant lieu à des versements au Trésor ou à des virements de comptes par les soins de l'administration centrale. On y ajoute le montant des journées remboursables, ainsi que les trop perçus, et on défalque le total du montant des dépenses engagées.

Observations.

Afin de permettre à l'administration centrale de connaître d'une manière précise certaines dépenses ne figurant pas à la situation n° 1, les pièces suivantes devront être produites au ministère de la guerre (7e Direction).

Au für et à mesure des besoins, les commandes de médicaments, d'objets de pansement, de matériel, à faire aux fournisseurs par les magasins d'approvisionnement (1 et 2) en vertu

---

(1) Magasin central, docks du service de santé, magasin de réserve du matériel de Marseille, pharmacie centrale, réserve des médicaments de Marseille.

(2) Ces dispositions sont applicables aux commandes de matériel à faire par l'hôpital militaire du Dey, en vertu des marchés passés jusqu'en 1897 au titre du magasin de réserve d'Alger supprimé.

N° 4.

des marchés en cours ou de conventions verbales et les demandes de mouvements entre le service de réserve et le service courant.

Ces états, conformes au modèle n° 5, seront établis en double expédition, dont l'une sera renvoyée revêtue de la décision ministérielle.

Au 1er avril, un relevé décompté des médicaments, des objets de pansement et du matériel commandés par les magasins d'approvisionnement au titre de l'exercice expiré et qui, pour diverses raisons, n'auraient pas été livrés au titre de cet exercice.

Ce relevé devra être établi distinctement pour le service courant et le service de réserve.

Il demeure entendu que ces dispositions n'apportent aucune modification à celles contenues dans l'instruction ministérielle du 5 septembre 1891.

II. — Service de santé. — Personnel d'exploitation.
(Chapitre 28.)

Ce chapitre supporte deux sortes de dépenses :

1° Les traitements, appointements et salaires du personnel civil permanent des magasins d'approvisionnement, de la section technique du service de santé et des gardiens des cimetières français à l'étranger ;

2° Les indemnités de fonctions allouées aux ministres des différents cultes faisant fonctions d'aumôniers succursalistes dans les hôpitaux militaires.

Ces dépenses devront être inscrites dans l'ordre des rubriques budgétaires sur la situation mensuelle (modèle n° 2).

III. — Dépenses imputables a la 2ᵉ section du budget.
(Chapitre 57.)

Aucune situation ne devra être fournie pour ces dépenses qui seront suivies par l'administration centrale.

SECTION III.

DÉPENSES ORDONNANCÉES PAR LES DIRECTEURS DU SERVICE DE L'INTENDANCE.

I. — Remboursement des avances faites par les corps de troupe pour le service de santé.

Aux termes de l'instruction sur le mode d'établissement des relevés des dépenses faites à titre d'avance par les corps de troupe (annexe n° 1 du décret du 14 janvier 1889, portant règlement sur l'administration et la comptabilité des corps de troupe), lesdits relevés (modèle n° 1) doivent être établis annuellement.

A l'avenir, ces relevés seront produits trimestriellement pour le service de santé.

Les directeurs du service de l'intendance adresseront au Ministre (Direction du service de santé) une situation (modèle n° 3) récapitulative de ces relevés, le 15 du premier mois de chaque trimestre.

II. — Dépenses du matériel des écoles.

Les dépenses du matériel des écoles dépendant de la direction du service de santé, savoir :

L'Ecole d'application de médecine et de pharmacie militaires du Val-de-Grâce;

L'Ecole du service de santé militaire de Lyon,
et imputables sur le chapitre XIV, articles 7 et 17, feront l'objet d'une situation mensuelle distincte (modèle n° 4) annexée à la présente instruction, établie par le fonctionnaire de l'intendance ordonnateur, conformément aux indications qui précèdent, et qui devra parvenir directement au Ministre (Direction du service de santé), pour le 15 de chaque mois au plus tard.

SECTION IV.

DISPOSITIONS TRANSITOIRES.

Application à partir du 1er janvier 1897.

Les dispositions de la présente instruction seront mises en vigueur le 1er janvier 1897; sont abrogées toutes les instructions antérieures.

Toutefois, en ce qui concerne les dépenses de l'exercice 1896, les situations continueront à être établies dans la forme prescrite par l'instruction de 1893.

L'insertion au *Bulletin officiel* de cette instruction, tiendra lieu de notification.

Paris, le 19 janvier 1897.

Signé : Billot.

CORPS D'ARMÉE
ou
GOUVERNEMENT MILITAIRE
d

COMPTABILITÉ DES DÉPENSES ENGAGÉES.

MODÈLE N° 1.

—

Section II § 1
de l'instruction
ministérielle
du 19 janvier 1897.

—

Numéro 234 M
de la Nomenclature.

POUR MÉMOIRE :	
Montant des crédits délégués...............	
Montant des crédits compris sur la demande de fonds en cours........	
TOTAL des crédits...	
Montant des dépenses engagées...............	
Différence des (en plus... crédits...... (en moins.	

SERVICE DE SANTÉ.

—

EXERCICE 189 .

—

MOIS d   189 .

—

CHAPITRE 29.

—

SITUATION des dépenses engagées ou des droits constatés pendant le mois d   189 .

DÉTAIL DES DÉPENSES.	MONTANT.	OBSERVATIONS.
1	2	3
Iʳᵉ PARTIE.		
DÉPENSES AFFÉRENTES AU TRAITEMENT DES MALADES.		
§ Iᵉʳ.		
Frais de traitement des malades dans les hôpitaux militaires. { Alimentation.................		
Chauffage et éclairage................		
Blanchissage.................		
Entretien et réparation du matériel; propreté.................		
Objets de bureau, de consommation....		
Frais de nourriture et d'habillement de 200 sœurs.................		
Primes de travail et gratifications aux infirmiers.................		
À REPORTER.................		

N° 4.

DÉTAIL DES DÉPENSES.	NOMBRE TOTAL des journées de traitement.	PRIX MOYEN.	MONTANT.	(c) POUR MÉMOIRE: Journées à charge de remboursement.		OBSERVATIONS.
				Nombre.	Montant.	
1	2	3	4	5	6	7
Report du § Ier....	....	....				(A) Pour les hôpitaux militaires on ne remplira que le tableau des journées à charge de remboursement.
DÉPENSES DES HÔPITAUX MARITIMES ET DES HOSPICES CIVILS.						
§ II.						(B) Les journées de traitement seront relevées sur les situations mensuelles. (Art. 148 du Règlement, modèle n° 37.)
1° *Hôpitaux militaires* (A).						
Officiers supérieurs.........	....	4 »				(C) Les militaires retraités ou réformés sont traités au compte du service de santé. Les retenues opérées sur leur pension, traitement ou gratification, demeurent définitivement acquises au Trésor et ne donnent pas lieu à un rétablissement de crédit. Leurs journées de traitement ne doivent donc pas figurer parmi celles à charge de remboursement.
Officiers..................	....	3 45				
Sous-officiers.............	....	2 35				
Soldats...................	(B)	2 15				
2° *Hôpitaux maritimes.*						
Officiers supérieurs........		4 »				
Officiers..................		3 45				
Sous-officiers.............		2 35				
Soldats		2 15				
3° *Hospices mixtes.*						
Officiers supérieurs........						
Officiers						
Sous-officiers						
Soldats...................						
4° *Hospices proprement dits.*						
Officiers supérieurs........						
Officiers.................						
Sous-officiers						
Soldats..................						
5° *Hospices non situés dans les villes de garnison.*						
Officiers supérieurs........						
Officiers.................						
Sous-officiers						
Soldats...................						
6° *Asiles d'aliénés.*						
Officiers supérieurs........						
Officiers.................						
Sous-officiers						
Soldats..................						
Totaux............						
§ III.						
Sépultures des militaires décédés en activité de service, frais de culte...						
Frais d'expédition d'avis télégraphiques en cas de maladies graves						
Total de la 1re partie........						

DÉTAIL DE LA DÉPENSE.	MONTANT.	OBSERVATIONS.

IIᵉ PARTIE.

DÉPENSES EFFECTUÉES EN DEHORS DES FRAIS
DE TRAITEMENT.

§ IV.

Achats de médicaments et objets de pansement pour
hôpitaux et infirmeries..........................
Achats de matériel pour hôpitaux et infirmeries......

§ VI.

Dépenses générales.

Désinfection de la literie affectée au
couchage de l'armée................
Frais d'adjudication.................
Frais divers pour transport de malades
et aliénés.........................
Renouvellement, entretien et conserva-
tion du matériel de réserve, frais oc-
casionnés par les exercices techni-
ques du service de santé...........
Assainissement des chambres occupées
par la troupe dans les casernements
militaires.........................
Vaccinations et revaccinations........
Frais d'expertises, vacations.........
Frais de confection et de transformation.
Dépenses diverses....................
Indemnités aux médecins civils requis.
Frais d'exploitation des magasins (com-
mis civils et ouvriers auxiliaires)...

§ VII.

Divers.

Frais d'impression, achats d'ouvrages
et reliures.......................
Fonctionnement du comité technique et
de la section technique du service de
santé.............................
Fonctionnement des laboratoires de bac-
tériologie ....
Statistique médicale (loi du 22 juin 1851).

Cessions faites à titre remboursable :

1° Service des vivres.....................
2° Service du chauffage..................
3° Service de l'habillement..............
4° ....

TOTAL de la 2ᵉ partie.............

Nº 4.

DÉTAIL DES SOMMES à rétablir AU CRÉDIT DU SERVICE DE SANTÉ.	MONTANT TOTAL.	RÉPARTITION entre		OBSERVATIONS.
		la 1re partie.	la 2e partie.	
Report des dépenses.......				NOTA. — Ne doivent pas figurer sur cette situation les sommes versées au Trésor au titre des recettes accidentelles à différents titres. Par exemple : les retenues opérées sur les pensions, traitements, gratifications des militaires retraités ou réformés les différences dans les achats par défaut, les amendes, etc... Voir l'Instruction ministérielle du 23 décembre 1888 sur la comptabilité matières. (Article 50, § IV.)
Montant des cessions, livraisons, imputations, etc., faites par le service de santé à titre onéreux et à rembourser :				
1° Par voie de virement.	Service des vivres.......			
	Service du chauffage.....			
	Service de l'habillement..			
	Service................			
	Service................			
	Service................			
	Service................			
	Service................			
2° Par voie de versement au Trésor.	Trop perçus.............			
	Cessions de médicaments, matériel, bains, repas, etc..................			
	Frais de traitement, de sépultures, etc..........			
	Pertes et dégradations...			
	Divers................			
Totaux des cessions, livraisons (à déduire des dépenses de la 1re et de la 2e parties).....................				
Reste............				
Report du total des dépenses engagées figurant sur les situations mensuelles antérieures				
Total des dépenses engagées depuis l'ouverture de l'exercice.....				
MODIFICATIONS.				A , le 189 .
Indiquer sommairement les motifs de rectifications et faire ressortir distinctement la somme à ajouter ou à déduire................				Le Directeur du service de santé,
Reste comme total des dépenses engagées depuis l'ouverture de l'exercice................				

6e CORPS D'ARMÉE
ou
GOUVERNEMENT MILITAIRE
de

MODÈLE N° 2.

Section II, § II
de l'instruction
ministérielle
du 19 janvier 1897.

N° 234 O
de la Nomenclature.

COMPTABILITÉ DES DÉPENSES ENGAGÉES.

SERVICE DE SANTÉ. — PERSONNEL D'EXPLOITATION.

POUR MÉMOIRE :	
Montant des crédits délégués..................	
Montant des crédits compris sur la demande de fonds en cours.........	
TOTAL des crédits...	
Montant des dépenses engagées depuis l'ouverture de l'exercice..........	
Différence des {en plus ... crédits.....{en moins..	

EXERCICE 189 .

Mois d 189 .

CHAPITRE 28.

ARTICLE UNIQUE.

SITUATION des dépenses engagées et des droits constatés pendant le mois d 189 .

DÉTAIL DES DÉPENSES.	REPORT du montant des situations mensuelles antérieures.	MONTANT du mois.	TOTAL.	OBSERVATIONS.
1	2	3	4	5
				NOTA. — Classer les dépenses suivant les rubriques budgétaires.
A REPORTER........				

N° 4.

DÉTAIL DES DÉPENSES. 1	REPORT du montant des situations mensuelles antérieures. 2	MONTANT du mois. 3	TOTAL. 4	OBSERVATIONS. 5
REPORT.........				
TOTAUX.........				
MODIFICATIONS. —				
(1) Indiquer sommairement les motifs des rectifications. { à ajouter... { à diminuer.				
MONTANT TOTAL des dépenses engagées depuis l'ouverture de l'exercice				

A   , le   189 .

Le Directeur du service de santé,

<table>
<tr><td>

° CORPS D'ARMÉE

ou

GOUVERNEMENT MILITAIRE

de

</td><td>

COMPTABILITÉ

DES DÉPENSES ENGAGÉES.

</td><td>

MODÈLE Nº 3.

Section III § I
de l'instruction
ministérielle
du 19 janvier 1897.

Nº 234 P
de la Nomenclature.

</td></tr>
</table>

AVANCES FAITES PAR LES CORPS DE TROUPE POUR LE SERVICE DE SANTÉ.

SITUATION des dépenses engagées et des droits constatés pendant le   ° trimestre 189   .

DÉTAIL DES DÉPENSES.	REPORT du montant des situations trimestrielles antérieures	MONTANT du trimestre.	TOTAL.	OBSERVATIONS.
1	2	3	4	5
Iʳᵉ PARTIE.				
DÉPENSES AFFÉRENTES AU TRAITEMENT DES MALADES.				
§ Iᵉʳ.				
Frais de traitement des malades dans les infirmeries. ⎰ Alimentation........				
Chauffage et éclairage				
Blanchissage				
Entretien et réparation du matériel, propreté				
Objets de bureau, de consommation. ...				
§ III.				
Sépultures des militaires décédés en activité de service, frais de culte				
Frais d'expédition d'avis télégraphiques en cas de maladies graves...............				
TOTAUX de la 1ʳᵉ partie.....				
IIᵉ PARTIE.				
DÉPENSES EFFECTUÉES EN DEHORS DES FRAIS DE TRAITEMENT.				
§ IV.				
Achats de médicaments et objets de pansement pour infirmeries....................				
Achats de matériel pour infirmeries				
A REPORTER........				

Nº 4.

DÉTAIL DES DÉPENSES.	REPORT du montant des situations trimestrielles antérieures	MONTANT du trimestre	TOTAL.	OBSERVATIONS.
1	2	3	4	5
REPORT.........				
§ VI.				
Dépenses générales. Désinfection de la literie affectée au couchage de l'armée				
Frais divers pour transport de malades et aliénés				
Renouvellement, entretien et conservation du matériel de réserve				
Assainissement des chambres occupées par la troupe dans les casernements militaires.......				
Vaccinations et revaccinations..................				
Frais de confection et de transformation.........				
Dépenses diverses.........				
§ VII.				
Diverses. Frais d'impressions, achats d'ouvrage, reliures.....				
Fonctionnement des laboratoires de bactériologie...................				
Cessions faites au service de santé à titre remboursable :				
1°				
2°				
TOTAUX de la 2e partie....				
REPORT des totaux de la 1re partie................				
TOTAUX GÉNÉRAUX.......				
MODIFICATIONS.				
Indiquer sommairement les motifs des rectifications } à ajouter... } à diminuer.				
MONTANT TOTAL des dépenses engagées depuis l'ouverture de l'exercice				

A , le 189 .

Le Directeur du service de l'intendance,

e CORPS D'ARMÉE
ou
GOUVERNEMENT MILITAIRE
de

ECOLE

d

MODÈLE N° 4.

Section III § II
de l'instruction
ministérielle
du 19 janvier 1897.

Ce modèle sera autographié par les écoles.

COMPTABILITÉ DES DÉPENSES ENGAGÉES.

MATÉRIEL DES ÉCOLES MILITAIRES.

POUR MÉMOIRE :
Montant des crédits délé-
gués.............. ...
Montant des crédits com-
pris sur la demande de
fonds en cours........
TOTAL des crédits...
Montant des dépenses en-
gagées depuis l'ouverture
de l'exercice..........
Différence des (en plus :..
crédits.....(en moins..

EXERCICE 189 .

Mois d   189 .

CHAPITRE 14.

ARTICLE   .

SITUATION des dépenses engagées et des droits constatés pendant le mois d   189 .

DÉTAIL DES DÉPENSES.	REPORT du montant des situations mensuelles anté-rieures.	MONTANT du mois.	TOTAL.	OBSERVATIONS.
1	2	3	4	5
				NOTA. — Classer les dépenses suivant les rubriques budgé-taires.
A REPORTER..........				

N° 4.

DÉTAIL DES DÉPENSES.	REPORT du montant des situations mensuelles antérieures.	MONTANT du mois.	TOTAL.	OBSERVATIONS.
1	2	3	4	5
REPORT.......				
TOTAUX..........				
MODIFICATIONS.				
(1) Indiquer sommairement les motifs des rectifications. à ajouter...				
à diminuer.				
MONTANT TOTAL des dépenses engagées depuis l'ouverture de l'exercice..............				

A   , le   189 .

Le Sous-intendant militaire,

e CORPS D'ARMÉE
ou
GOUVERNEMENT MILITAIRE
d

(1) Etablissement.

(1)

SERVICE DE SANTÉ.

MODÈLE N° 5
de l'instruction
ministérielle
du 19 janvier 1897.

Ce modèle sera autographié
par les magasins.

EXERCICE 189 .

*RELEVÉ décompté faisant ressortir le matériel nécessaire
pour l'exécution du service.*

NUMÉROS de la nomenclature		DÉSIGNATION du MATÉRIEL.	Unité réglementaire.	Quantités.	Prix de l'unité.	DÉCOMPTE de la dépense.		OBSERVATIONS.
sommaire.	détaillée.					Commandes et achats.	Prélèvement sur	
								Il sera produit des états distincts pour les commandes et les mouvements entre le service de réserve et le service courant. Ces relevés devront être totalisés par rubrique : 1° médicaments ; 2° objets de pansement ; 3° matériel.

A   , le   189 .

*L'Officier d'administration
gestionnaire,*

ARRÊTÉ aux quantités portées
au tableau ci-dessus :

, le   189 .

Le Ministre de la guerre,

VU :

Le Directeur du service de santé,
N° 4.

Paris, le 12 février 1897.

Collationné : RAVERET.   *Certifié :* P. COUTURIER.

Paris et Limoges. — Imprimerie militaire Henri CHARLES-LAVAUZELLE.

PARIS ET LIMOGES. — IMP. MILITAIRE HENRI CHARLES-LAVAUZELLE.

www.ingramcontent.com/pod-product-compliance
Lightning Source LLC
LaVergne TN
LVHW010238060726
842519LV00014B/1259